La Serva Padrona

「奥様女中」

Intermezzo in due parti

JN063334

Giovanni Battista Pergolesi
Vincenzo Roscioni による版画

奥様女中（改訂版）

（幕間劇 全二部）

台　本 .... ヤコポ・アニェッロ・ネッリの同名の戯曲に基づき

ジェンナラント-ニオ・フェデリーコ（??〜1744 年）が脚本

作　曲 .... ジョヴァンニ・バッティスタ・ペルゴレージ（1710〜1736年）

初　演 .... 1733 年8月28日　サン・バルト・ロメオ歌劇場（ナポリ）

日本語訳................. とよしま 洋

Catherine Nelidova nei panni di Serpina
(di Dmitry Levitzky, 1773)
セルピーナ役のキャサリン・ネリドワ（ドミトリー・レヴィツキー、1773 年）

登 場 人 物

Serpina   Soprano
....
セルピーナ、ウベルトの女中   ソプラノ

Uberto   Basso
....
ウベルト、独身の老貴族   バス

Vespone, servo di Uberto, che non parla
....
ヴェスポーネ、ウベルトの召使い   黙役

1919 年 1 月 29 日、ロンドンのハマースミスの
リリック・シアターで上演された「奥様女中」で
ヴェスポーネを演じたトム・レイノルズのために
クロード・ロヴァット・フレイザーがデザインした
衣装デッサン。
(Fugurino di Claude Lovat Fraser
disegnato per Tom Reynolds,
interprete di Vespone nella Serva
padrona rappresentata al Lyric
Theatre di Hammersmith, Londra,
il 29 gennaio 1919.)

☆　この対訳は、libretto (台本) を訳したものである。
☆　台本と楽譜の歌詞表記が異なる部分は、その旨を記した。
☆　楽譜にあり、台本にはない歌詞については、(楽譜〜)、
　　楽譜にはない歌詞は(楽譜無)と記した。
　　その他、楽譜上での繰り返し、言葉の位置変えについては触れず、
　　台本通りに記した。

INTERMEZZO PRIMO	第一部

(Camera. Uberto non interamente vestito, e Vespone di lui servo, poi Serpina.)

室内。ウベルトは着替えの途中である。そして彼の召使いであるヴェスポーネ、続いてセルピーナ。

<Aria>

Uberto

<アリア>

ウベルト

★Aspettare e non venire,
stare a letto e non dormire,
ben servire e non gradire,
son tre cose da morire.

待っても来やしない、
横になっても眠れない、
尽くしてやっても喜ばない、
この三つで死にそうだ。

<Recitativo>

<レチタティーヴォ>

★<u>Questa è</u> per me disgrazia; 楽譜 <u>Quest'è</u>
son tre ore che aspetto, e la mia serva
portarmi il <u>cioccolatte</u> non fa grazia,
楽譜 <u>cioccolato</u>
ed io d'uscire ho fretta.
O flemma benedetta! Or sì, che vedo,
che per esser sì buono con costei,
la causa son di tutti i mali miei.
(Chiama Serpina vicino alla scena.)
Serpina… Vien domani.
(a Vespone)   E tu altro che fai?
A che quieto ne stai come un balocco?
(Vespone cerca scusarsi.)
Come? che dici? eh sciocco! Vanne,
rompiti presto il collo. Sollecita;
vedi che fa.
(Vespone va dentro.)
          Gran fatto! Io m'ho cresciuta
questa serva piccina.
L'ho fatta di carezze, l'ho tenuta
come mia figlia fosse! Or ella ha preso
perciò <u>tanta arroganza</u>,楽譜 <u>tant'arroganza</u>
fatta è sì superbona,
che alfin di *serva* diverrà *padrona*.
Ma bisogna risolvermi in buon'ora…
e quest'altro babbion ci è morto ancora.

これは、わしにとっては災いだ。
三時間も待っているというのに、うちの女中は
まだわしにココアを持ってこようとしない、

わしは出かけねばならんのだ。
どれだけ我慢せねばならないのだ！そう、思うに
彼女とうまくやるには、
すべてわしが悪いということになる。
(近くの舞台奥に向かってセルピーナを呼ぶ)
セルピーナ…　どうやら来るのは明日らしい。
　(ヴェスポーネに) ところで、お前は何をしておる？
でくの坊のように、ぼうっと突っ立って？
(ヴェスポーネは、申し訳なさそうにする。)
何？何だというのだ？馬鹿者！行って、
さっさと何とかしてこい、早くしろ、
あいつの様子を見て来るんだ。
(ヴェスポーネは中に入る。)
　　　　　　難儀なことだ！あの娘を
ここまで育てたのは、このわしだというのに。
わが娘のように可愛がり、わしがここまでに
したというのに！今では
すっかり図々しくなって、
こんなに高慢ちきになり、
これでは*女中*から*奥様*にもなりかねない。
早いうちに何とかしなければ…
それにあの間抜けの方も、死んじまったというのか。

Serpina

セルピーナ

L'hai finita? Ho bisogno
che tu mi sgridi? E pure io non sto
comoda, ti dissi.

それでおしまい？あんたが私を怒鳴る
必要ないでしょ？しかも、あんたに言われる
筋合いじゃないわ。

Uberto

ウベルト

          (Brava!)

　　　　（たいした娘だ！）

Serpina
(a Vespone)

セルピーナ
(ヴェスポーネに)

          E torna! Se il padrone

　　　　戻りなさいよ！もし旦那様が

ha fretta, non l'ho io, il sai? お急ぎでも、私は急いでないのよ、分かるわね？

Uberto ウベルト
(Bravissima.) （たいしたもんだ。）

Serpina セルピーナ
(a Vespone) （ヴェスポーネに）
Di nuovo! Oh tu da senno もう一度言うわ！こんなに
vai stuzzicando la pazienza mia, 我慢しているのが、まだ分からないの、
e vuoi che un par di schiaffi alfin ti dia. 私に平手打ちでもして欲しいの…
(Batte Vespone.) （ヴェスポーネを叩く。）

Uberto ウベルト
Olà, dove si sta? おい、どこにいる？
Olà, Serpina! Non ti vuoi fermare? おい、セルピーナ！もうやめないか？

Serpina セルピーナ
Lasciatemi insegnare かまわないでください
la creanza a quel birbo. このわからずやに礼儀作法を教えているんです。

Uberto ウベルト
Ma in presenza del padrone? 主人の前でか？

Serpina セルピーナ
Adunque と言う事は
Perch'io son serva, ho da esser sopraffatta. 私が女中だから、虐げられて、
楽譜 Perché io
Ho da essere maltrattata? No signore, ひどい扱いを受けるのですか？いいえ旦那様、
voglio esser rispettata, 私は鄭重に扱われ、
voglio esser riverita come fossi 大切にされ、まるで
padrona, arcipadrona, padronissima. 奥様、立派な奥様のように扱われたいのです。

Uberto ウベルト
Che diavol ha vossignoria illustrissima? 高名なるお嬢様、どうしたというのだ？
Sentiam, che fu? さあ、何があったのか聞こうではないか？

Serpina セルピーナ
Cotesto impertinente... このわからずやが…

Uberto ウベルト
(accennando a Vespone) （ヴェスポーネを指しながら）
Questo tu... このお前が…

Serpina セルピーナ
Venne a me... 私のところに来て…

Uberto ウベルト
Questo, t'ho detto?... それは、わしが言ったが？…

Serpina セルピーナ
E con modi sì impropri... たいへん無作法な態度で…

Uberto
(a Vespone)
Questo, questo... Che sii tu maledetto.

ウベルト
(ヴェスポーネに)
それは… それはお前が悪い。

Serpina
Ma me la pagherai.

セルピーナ
覚えてなさい。

Uberto
Io costui t'inviai...

ウベルト
わしが、こいつにお前を呼びにやったのだ…

Serpina
　　　　　Ed a che fare?

セルピーナ
　　　　　　　　　　何のために？

Uberto
A che far? Non ti ho chiesto
il cioccolatte, io?　　　楽譜 cioccolato

ウベルト
何のためだと？　お前にココアを
頼まなかったかい、わしが？

Serpina
　　　　Ben, e per questo?

セルピーナ
　　　　　　だから、何なのです？

Uberto
E m'ha da uscir l'anima aspettando
che mi si porti?

ウベルト
持ってくるのに待ちくたびれて、
魂がどこかへ行ってしまいそうだ。

Serpina
　　　　　E quando
voi prenderlo dovete?

セルピーナ
　　　　　　　でも、いつ
持ってこいと仰るのですか？

Uberto
　　　　　Adesso. Quando?

ウベルト
　　　　　今さ、いつだと？

Serpina
E vi par ora questa? È tempo ormai
di dover desinare.

セルピーナ
こんな時間にですか？もうお昼を
召し上がらねばならない時間ですわ。

Uberto
　　　　Adunque?

ウベルト
　　　　　だから？

Serpina
　　　　　　Adunque?
Io già no 1 preparai　　楽譜 nol
voi di men ne farete,
padron mio bello, e ve ne cheterete.

セルピーナ
　　　　　　　だから？
私は用意をしてません、
もうココアはおやめになった方が、
旦那様、諦めてくださいな。

Uberto
Vespone, ora che ho preso
il cioccolatte già,　　　楽譜 cioccolatto
dimmi: ≪Buon pro vi faccia e sanità.≫
(Vespone ride.)

ウベルト
ヴェスポーネ、ココアはもう
飲んだことにしろとさ、
何か元気が出るようなことを言っておくれ。
(ヴェスポーネは笑う。)

Serpina
Di chi ride quell'asino?

セルピーナ
あの間抜けは何を笑っていいるのかしら？

Uberto
Di me, <u>che ho</u> più flemma d'una bestia.
楽譜 ch'ho

ウベルト
家畜よりも忍耐強いわしをさ。

Ma (楽譜 io) bestia non sarò,
più flemma non avrò,
il giogo scuoterò,
e quel che non ho fatto alfin farò!

わしは家畜なんぞはまっぴらじゃ、
我慢はもうたくさんだ、
束縛しないでくれ、
今まで出来なかったことをするぞ！

<*Aria*>

〈アリア〉

(a Serpina)
★Sempre in contrasti
con te si sta.
E qua e là,
e su e giù
e sì e no.
Or questo basti,
finir si può.
    (a Vespone)
    Ma che ti pare?
    Ho io a crepare?
    Signor mio, no.
(a Serpina)
Però dovrai
per sempre piangere
la tua disgrazia,
e allor dirai
che ben ti sta.
    (a Vespone)
    Che dici tu?
    Non è così?
    Ma così <u>va</u>! 楽譜 è

（セルピーナに）
いつもお前は
反対ばかり。
ここと言えばあそこ、
上と言えば下、
そうだと言えば、いいえ。
もうたくさんだ、
やめにしよう。
    （ヴェスポーネに）
    お前はどう思う？
    わしにくたばれとでも言うのか？
    それはごめんだ。
（セルピーナに）
だが、お前は
泣かねばならないことになるだろう、
自分の無礼な態度に、
その時になって
初めてわかるだろう。
    （ヴェスポーネに）
    お前はどう思うかい？
    そうじゃないかい？
    そうに決まっておる！

<*Recitativo*>

〈レチタティーヴォ〉

Serpina
★In somma delle somme per attendere
al vostro bene io mal ne ho da ricevere?

セルピーナ
要するに、あなたの平穏を待つために
私が辛い思いをしなければならないのですか？

Uberto
(a Vespone)
Poveretta! la senti?

ウベルト
（ヴェスポーネに）
可哀そうに！聞いたか？

Serpina
Per aver di voi cura, io, sventurata,
debbo esser maltrattata?

セルピーナ
あなたのお世話をするために、私が不幸にも
辛い目にあわねばならないのですか？

Uberto
Ma questo non va bene.

ウベルト
いや、それは良くない。

Serpina
Burlate, sì!

セルピーナ
からかっているのですね、そうだわ！

Uberto
　　　　Ma questo non conviene.

ウベルト
　　　　　　　　　　　　　　　いや、それはまずい。

Serpina
E pur qualche rimorso aver dovreste
di farmi e dirmi ciò che dite e fate.

セルピーナ
でも、あなたが言ったりしたりすることを、
私に指示させるのは、反省なさるべきですわ。

Uberto
Così è, da dottoressa voi parlate.

ウベルト
そうやって、偉そうに話すのか。

Serpina
Voi mi state sui scherzi, ed io m'arrabbio.

セルピーナ
ふざけているのだわ、私がこんなに怒っているのに。

Uberto
Non v'arrabbiate, capperi. Ha ragione.
(a Vespone)
Tu non sai che ti dir? Va' dentro, prendimi
il cappello, la spada ed il bastone,
ché voglio uscir.

ウベルト
怒ることはないだろうが。お前の言うのはもっともだ。
（ヴェスポーネに）
お前は何も言うことはないのか？奥へ行って
わしの帽子と剣とステッキを取ってこい。
わしは出かけたいのだ。

Serpina
　　　　　　Mirate.
Non ne fate una buona, e poi Serpina
è di poco giudizio.

セルピーナ
　　　　　　　　　よくお考えになって。
何一つ良い事はなさらないわ。
セルピーナの意見も少しは聞いてくださいな。

Uberto
　　　　　　Ma lei
che <u>diavolo</u> vuol mai dai fatti miei?
　　　楽譜 <u>diamine</u>

ウベルト
　　　　　　　　　　　　　だが彼女は
何でわしのことに口出しするのか？

Serpina
Non vo' che usciate adesso,
gli è mezzodì. Dove volete andare?
Andatevi a spogliare.

セルピーナ
今は、出かけないでください。
こんな真っ昼間に、どこへ行こうとなさるんですか？
お脱ぎになってください。

Uberto
　　　　　　　E il gran malanno
che mi faresti...

ウベルト
　　　　　　　　　わしをこんなひどい目に
合わせるとは...

Serpina
　　　　　　Oibò, non occorre altro.
Io vo' così, non uscirete, io l'uscio
a chiave chiuderò.

セルピーナ
　　　　　　まあ、出掛ける必要はありません。
私がそう望むのです、出掛けないでください、私は
ドアに鍵をかけますわ。

Uberto
　　　　　　Ma parmi questa
massima impertinenza.

ウベルト
　　　　　　　これ以上の
無礼があるだろうか。

Serpina

Eh sì, <u>suonate</u>.
楽譜 sonate

セルピーナ

ええ そう、いくらでも仰ってください。

Uberto
Serpina, il sai, che rotta m'hai la testa?

ウベルト
セルピーナ、わしの頭を割ろうとでも言うのか？

<Aria>   〈アリア〉

Serpina
★Stizzoso, mio stizzoso
voi fate il borïoso,
(楽譜 ma no,) ma non vi può giovare.
Bisogna al mio divieto
star cheto, e non parlare (楽譜 zit... zit...).
<u>E...</u>(楽譜無) Serpina vuol così
(楽譜 zit... zit...).
Cred'io che m'intendete, (楽譜 sì,)
dacché mi conoscete
son molti e molti dì.

セルピーナ
怒りんぼさん、私の怒りんぼさん、
あなたは自分本位ですわ、
（いけません、）それは何の役にも立ちません。
私の制止が必要なのです、
静かにして、話をしないで、(シー...シー...)
セルピーナはそう望むのです。(シー...シー...)

私を分かってくれると信じてますわ、（そうですね）
だって私とは長い、長い間の
知り合いなんですもの。

<Recitativo>   〈レチタティーヴォ〉

Uberto
★Benissimo.
(a Vespone)
Hai tu inteso? Ora al suo loco
ogni cosa porrà vossignoria,
ché la padrona mia vuol ch'io non esca.

ウベルト
大変結構。
（ヴェスポーネに）
お前分かったか？さあ、元のところに
みんな戻せだとさ、
このお方は、わしの外出を望まんのだ。

Serpina
Così va bene.
(a Vespone)
Andate, e non v'incresca...
(Vespone vuol partire e poi si ferma.)
Tu ti fermi? Tu guardi?
Ti meravigli, e che vuol dir?

セルピーナ
それでいいのです。
（ヴェスポーネに）
行きなさい、気の進まない顔をしないで...
（ヴェスポーネは行こうとして、立ち止まる。）
立ち止まるの？何を見ているの？
何だというの、何が言いたいの？

Uberto
Sì, fermati,
guardami, meravigliati,
fammi de' scherni, chiamami asinone,
dammi anche un mascellone,
ch'io cheto mi starò,
anzi la man allor ti bacierò...
(Bacia la mano a Vespone.)

ウベルト
そう、止まれ、
わしを見ろ、驚いたか、
馬鹿にして、馬鹿呼ばわりして、
ひどいことまで言いおって、
わしを黙らせて、
むしろ、お前の手にキスをしよう...
（ウベルトは、ヴェスポーネの手にキスをする。）

Serpina
Che fa... che fate?

セルピーナ
何を... 何をなさっているのです？

Uberto
Scostati, malvagia.
Vattene, insolentaccia. In ogni conto
vo' finirla. Vespone,

ウベルト
離れてくれ、ひどい娘だ。
行ってくれ、ずうずうしい奴だ。とにかく
やめさせたい。ヴェスポーネ、

in questo punto, (楽譜 in questo istante)
trovami una moglie,
e sia anche un'arpia, a suo dispetto
io mi voglio accasare.
Così non dovrò stare
a questa manigolda più soggetto.

こうなったら、今すぐ、
わしに妻を見つけてくるのだ、
どんな強欲女でもいい、あいつを思い知らせて
やるために、わしは妻をめとるのだ。
そうすれば、こんな奴に
振り回されずにすむ。

Serpina
Oh! qui vi cade l'asino! Casatevi,
che fate ben; l'approvo.

セルピーナ
間抜けが遂に罠に落ちたわ！結婚なさいませ、
良いようになさいませ、私は許可しますわよ。

Uberto
　　　　　　　　　　L'approvate?
Manco mal, l'approvò.
Dunque io mi caserò.

ウベルト
　　　　　　　　　　　　　　許可するだと？
許可するのか、悪くないわい。
では、わしは結婚するぞ。

Serpina
E prenderete me?

セルピーナ
ならば、私をお選びになるのでしょ？

Uberto
Te?

ウベルト
お前を？

Serpina
　　Certo.

セルピーナ
　　　　もちろん。

Uberto
　　Affé!

ウベルト
　　　　まさか！

Serpina
　　　　Affé.

セルピーナ
　　　　　　必ずや。

Uberto
Io non so chi mi tien...
(a Vespone)
　　　　　　Dammi il bastone...
tanto ardir!

ウベルト
もう我慢ならない...
(ヴェスポーネに)
　　　　　　ステッキをよこせ...
厚かましすぎる！

Serpina
　　　　　Oh! voi far e dir potrete
che null'altra che me sposar dovrete.

セルピーナ
　　　　まあ！私以外の女性とは
結婚できないっておっしゃりたいんでしょ。

Uberto
Vattene figlia mia.

ウベルト
お願いだから、去ってくれ。

Serpina
Voleste dir mia sposa.

セルピーナ
私を妻にと言いたいのですわ。

Uberto
　　　　　O stelle! o sorte!
Oh! Questa è per me morte.

ウベルト
　　　　　　ああ！なんてこった！
これは、わしにとって死ぬも同然だ。

Serpina
O morte o vita,
così essere dée: l'ho fisso già in pensiero.

セルピーナ
死ぬだ生きるだなんて、
そんなこと仰っても、もう私は決めたんです。

Uberto
Questo è un altro diavolo più nero.

ウベルト
どこまでひどいことを言う娘なんだ。

<Duetto>　　　　　　　　　　　　〈二重唱〉

Serpina
★Lo conosco a quegli occhietti
furbi, ladri, malignetti,
che, sebben voi dite no,
pur m'accennano di sì.

セルピーナ
私は知っているわ、その目が
ずるくて、いかがわしく、性の悪いその目が、
たとえ、あなたが嫌だと言っても、
その目は、私にいいよと言っているのを。

Uberto
Signorina, v'ingannate.
Troppo in alto voi volate,
gli occhi ed io dicon no,
ed è un sogno questo (楽譜 qui) sì.

ウベルト
お嬢さん、思い違いをしておる。
あなたは余りにも考えが飛躍しておる、
わしが嫌だと言えば、この目もいやだと言っている、
あなたは夢でも見ているのさ、そうさ。

Serpina
Ma perché? Non son grazïosa
non son (楽譜 io) bella e spiritosa?
Su, mirate, leggiadria,
ve' che brio, che maestà.

セルピーナ
でもどうして？私は愛らしくないかしら？
美しくて機知にあふれていないかしら？
さあ、よくご覧なさい、愛嬌があって、
チャーミングで、気高い私を。

Uberto
(Ah! costei mi va tentando;
quanto va che me la fa.)

ウベルト
（ああこの女、わしを誘惑するつもりじゃ、
どこまでわしに付け込むのだ。）

Serpina
(Ei mi par che va calando.)
<u>Via</u> (楽譜 Si,) signore.

セルピーナ
（だんだん私になびいてきたようだわ。）
さあ、旦那様。

Uberto
　　　　　　Eh! vanne via.

ウベルト
　　　　　　さあ、出て行け。

Serpina
Risolvete.

セルピーナ
決めておしまいなさい。

Uberto
　　　Eh! Matta sei.

ウベルト
　　　　　　おい、気でも狂ったか。

Serpina
Son per voi gli affetti miei
e dovrete sposar me.

セルピーナ
私の愛はあなたへのものです、
私と結婚なさらなければなりません。

Uberto
(Oh che imbroglio egli è per me!)

ウベルト
（わしはその手には乗らんぞ！）

INTERMEZZO SECONDO

第二部

(Camera. Serpina e Vespone in abito da soldato, poi Uberto vestito per uscire.)

室内。セルピーナと兵士の服装をしたヴェスポーネ、それから出掛ける服装のウベルト。

<Recitativo>   <レチタティーヴォ>

Serpina

★Or che fatto ti sei dalla mia parte,
usa, Vespone, ogn'arte:
se l'inganno ha il suo effetto,
se del padrone io giungo ad esser sposa.
Tu da me chiedi, e avrai,
di casa tu(楽譜無) sarai
il secondo padrone, io te 'l prometto.
　　　　　　　楽譜 tel

セルピーナ

今や、お前は私の味方よ、
ヴェスポーネ、作戦を練って、
もし、うまく事が運んで、
もし私がご主人様の奥様になれたら、
あんたの望むものは、あげるわね、
お前はこの家の
二番目のご主人様になるのよ、約束するわ。

Uberto

lo crederei. che la mia serva adesso,
anzi, per meglio dir, la mia padrona,
d'uscir di casa mi darà il permesso.

ウベルト

わしの召使い、いや今や
我が家の奥方と言った方がいいのか、
彼女は、わしに外出許可を与えてくれるだろうか。

Serpina

Ecco, guardate: senza la mia licenza
pur si volle vestir.

セルピーナ

ほら、ご覧なさい。私の許可なしで
服を着ようとするだなんて。

Uberto

　　　　　　Or sì, che al sommo
giunta è sua impertinenza.　　楽譜 giunt'è
Temeraria! E di nozze
richiedermi ebbe ardir!

ウベルト

　　　　　　　　　　　まったくここまで
図々しくなるとは、無分別な女だ！
厚かましい！
わしに結婚を求めるとは。

Serpina

　　　　　　　T'asconderai
per ora in quella stanza
e a suo tempo uscirai.

セルピーナ

　　　　　　　　今はあの部屋に
隠れていて、
出番が来たら出てくるのよ。

Uberto

(accogliendosi di Serpina)
　　　　　　O qui sta ella.
Facciam nostro dover. Posso o non posso?
Vuole o non vuol la mia padrona bella?...

ウベルト

（セルピーナを迎えながら）
　　　　　　　　　　おお、ここにいたのか。
我々の義務を果たそう。よいかな、それともだめか？
美しい奥方はお望みかな？それとも望まないのか？

Serpina

Eh, signor, già per me è finito il gioco,
e più tedio fra poco
per me non sentirà.

セルピーナ

ええ、旦那様、私、もうふざけるのはやめましたわ、
もう、私のせいでうんざりすることも
無くなりますわ。

Uberto

　　　　　　Cred'io che no.

ウベルト

　　　　信じられん。

Serpina
Prenderà moglie già.

セルピーナ
奥様をお迎えなさいまし。

Uberto
　　　　　　Cred'io che sì,
ma non prenderò te.

ウベルト
　　　　　　そうしたいね、
だが、お前ではないぞ。

Serpina
　　　　　　Cred'io che no.

セルピーナ
　　　　　　そうですわね。

Uberto
Oh! affatto così è.

ウベルト
おお！絶対にありえない。

Serpina
　　　　　　Cred'io che sì:
fa d'uopo ancor ch'io pensi a' casi miei.

セルピーナ
　　　　　　そう思います。
実は私も自分のことを考える必要がありますの。

Uberto
Pensaci, far lo déi.

ウベルト
そうだ、そうするべきだ。

Serpina
　　　　　　Io ci ho pensato.

セルピーナ
　　　　　　実は、もう考えましたの。

Uberto
E ben? 　楽譜 Ebben?

ウベルト
それで？

Serpina
　　　　　　Per me un marito io m'ho trovato.

セルピーナ
　　　　　　私は、もう夫を見つけましたのよ。

Uberto
Buon pro vi faccia. E lo trovaste a un
楽譜 Bon　　　　　　　tratto
così già detto e fatto?

ウベルト
うまくやったね。言ったばかりで

もう見つけたというのかね？

Serpina
　　　　　　Più in un'ora
venir suol che in cent'anni.

セルピーナ
　　　　　　100 年かかるものでも
一時間程で。

Uberto
　　　　　　Alla buon'ora!
Posso saper chi egli è?

ウベルト
　　　　　　うまい頃合いにね！
それがいったい誰か知りたいものだね？

Serpina
　　　　　　L'è (楽譜 È) un militare.

セルピーナ
　　　　　　軍人ですの。

Uberto
Ottimo affé! (楽譜無) Come si chiamare?

ウベルト
（それは、それは）何とお呼びするのかね？

Serpina
Il capitan Tempesta.

セルピーナ
テンペスタ（嵐）大尉ですわ。

Uberto

Oh! brutto nome.

ウベルト

おお、ひどい名前だ！

Serpina

E al nome sono i fatti
corrispondenti: egli è poco flemmatico.

セルピーナ

実際その名の通りの
人なんです。とても短気なのです。

Uberto

Male.

ウベルト

まずいな。

Serpina

Anzi è lunatico.

セルピーナ

むしろ気まぐれで。

Uberto

Peggio.

ウベルト

ますますひどい。

Serpina

Va presto in collera.

セルピーナ

すぐに怒るのです。

Uberto

Pessimo.

ウベルト

最悪だ。

Serpina

E quando poi è incollerito,
fa ruina, scompigli,
fracassi, un via, via.

セルピーナ

それに一度怒り出すと、
物を壊したり、錯乱して
大騒ぎをして、もうそれはそれは。

Uberto

Ci anderà mal la vostra signoria.

ウベルト

そりゃあ大変なことになるぞ、お嬢さん。

Serpina

Perché?

セルピーナ

なぜ？

Uberto

S'è lei così schiribizzosa
meco, ed è serva: ora (楽譜 or) pensa
con lui essendo sposa. Senza dubbio
il capitan Tempesta
in collera anderà
e lei di bastonate
una tempesta avrà.

ウベルト

お前は女中の今でさえ
わしに対してこんなに気まぐれなのに
よく考えてみるがいい。その男と一緒になったら、
間違いなく、そのテンペスタ大尉は
怒り狂って
お前を杖で叩いて
お前に嵐を見舞うに違いない。

Serpina

A questo poi Serpina penserà.

セルピーナ

このセルピーナも、そう思いますわ。

Uberto

Me ne dispiacerebbe; alfin del bene
io ti volli, e tu 'l (楽譜 il) sai.

ウベルト

わしはそれが残念だ。ともあれ
わしはお前の幸せを望んでいる、分かるだろう？

Serpina
     Tanto obbligata.
Intanto attenda a conservarsi, goda
colla sua sposa amata,
e di Serpina non si scordi affatto.

セルピーナ
         感謝しますわ。
とにかく、お体に気をつけてくださいな、
愛しい奥様と、お楽しみくださいませ、
でもセルピーナを全く忘れてしまわないでね。

Uberto
 <u>A te</u> (楽譜 <u>Ah tel</u>) perdoni il ciel: l'esser tu
          troppo
boriosa venir mi fe' a tal atto.

ウベルト
ああ神様、この娘をお許しください。お前が

あんまりうぬぼれ屋なので、こんな事になったのだ。

         <Aria>   < アリア >

Serpina
★A Serpina penserete
qualche volta, e qualche dì
e direte: ≪Ah! poverina,
cara un tempo ella mi fu.≫
(Ei mi par che già pian piano
s'incomincia a intenerir.)

セルピーナ
セルピーナのことを、いつの日にか時々は
考えてくださいな、
そして仰ってください、「ああ可哀想な娘だった、
可愛い娘だった」と。
(少しずつ心が
動き始めたようだわ。)

S'io poi fui impertinente,
mi perdoni: malamente
mi guidai: lo vedo, sì.
(Ei mi stringe per la mano,
meglio il fatto non può gir.)

私が無作法な女だったとしても
許してくださいね。悪く育てたのは
あなたなのよ、お分かりでしょ。
(私の手を握ったわ、
もうこっちのもの。)

        <Recitativo>   < レチタティーヴォ >

Uberto
★(Ah! quanto mi sa male
di tal risoluzione, ma n'ho colpa io.)

ウベルト
(ああ！この解決方法は
まずかったのかな、だがこれはわしのせいなのか？)

Serpina
(Di' pur fra te che vuoi
che ha da riuscir la cosa a modo mio.)

セルピーナ
(お言いなさい、心の中で望んでいることを
そして私の流儀に従えば、事はうまく運ぶのよ。)

Uberto
Orsù, non dubitare,
che di te mai non mi saprò scordare.

ウベルト
さあ、疑わないでおくれ、
わしがお前を忘れることはできないってことを。

Serpina
Vuol vedere il mio sposo?

セルピーナ
私の夫になる人をごらんになる？

Uberto
Sì, l'avrei caro.

ウベルト
ああ、かわいがってやるぞ。

Serpina
     Io manderò per lui;
giù in strada ei si trattien.

セルピーナ
       あの人を呼びにやりましょう。
あの人はもう下まで来ていますわ。

Uberto
        Va'.

ウベルト
        お行き。

Serpina　　　　　　　セルピーナ
　　　　　　　Con licenza.　　　　　　　　　　　では、お許しをいただいて。
(Serpina parte.)　　　　　（セルピーナ退場。）

Uberto　　　　　　　ウベルト
Or indovina chi sarà costui!　その男はどんな人物なのだろうか！
Forse la penitenza　　　あの娘はきっと
farà così di quanto　　　楽譜 quant'ella　主人のわしにしたことへの報いを
ella ha fatto al padrone. S'è ver,　受けることになるだろう。
come mi dice, un tal marito　だがあの娘が言った事が本当なら、そういう夫なら
la terrà fra la terra ed il bastone.　杖でひどい目に合わせるだろう。
Ah! (楽譜 Oh!) poveretta lei! Per altro io　ああ、可哀そうな娘だ！
　　　　　　　penserei...　それに考えてみれば...
ma... ella è serva... ma... il primo non　でも...あれは女中なんだ...だが...最初は違った
　　　　　　　saresti...
dunque, la sposeresti?... Basta...　では、あの娘を妻にむかえるのか？...ご免だ...
Eh no, no, non sia.　いや、だめだ、だめだ。
Su, pensieri ribaldi andate via.　さあ、愚かな考えは去ってくれ。
Piano, io me l'ho allevata:　待てよ、わしがあの娘を育て上げたのだ、
so poi com'ella è nata... Eh! che sei matto!　生まれた時のことも知っている...馬鹿げている！
Piano di grazia... Eh... non pensarci　落ち着くのだ...　ああもう考えないことだ...
　　　　　　　affatto...
ma... Io ci ho passione,　だが、わしはあの娘が好きなのかな、
e pur... quella meschina... Eh torna...　だが...あの哀れな娘を...　また考えてしまう...
　　　　　　　oh Dio! ...　　　　　　　　　　　　　　　ああ！...
eh, siam da capo... Oh! che confusione.　ああ、また始めからだ....　ああ頭が混乱している。

<Aria>　　　　　　　〈アリア〉
★Son imbrogliato io già;　わしは、もはや罠にはまったのか。
ho un certo che nel core　心の中にあるものがあって、
che dir per me non so　わしに何かを語っているのだが、わからない、
s'è amore, o s'è pietà.　それが愛なのか、それとも哀れみなのか。
Sento un (楽譜 Sent'un) che, poi mi dice:　心の中でわしにこう言っている、
Uberto, pensa a te.　ウベルトよ、自分のことを考えろ。

Io sto fra il sì e il no　わしは、はいと、いいえの間をふらついている。
fra il voglio e fra il non voglio,　そうしたいのか、したくないのか。
e sempre più m'imbroglio.　ますます分からなくなる。
Ah! misero, infelice,　ああ！不幸で哀れなこのわし、
che mai sarà di me!　いったいどうなるのやら！
(Entra Serpina con Vespone in abito come　（セルピーナが兵士の服装をしたヴェスポーネと
sopra.)　　共に登場。）

<Recitativo>　　　　〈レチタティーヴォ〉
Serpina　　　　　　セルピーナ
★Favorisca, signor... passi.　どうぞ、あなた...　入って。

Uberto　　　　　　ウベルト
(楽譜 Oh) Padrona.　おお、奥様！
(a Serpina)　（セルピーナに）
　　　È questi?　　　　　　　この方は？

Serpina
Questi è desso.　　楽譜 Quest'è

Uberto
　　　　　(Oh brutta cera!
Veramente ha una faccia tempestosa.)
E così, caro il capitan Tempesta,
si sposerà già questa mia ragazza?
O ben n'è già contento…
(Vespone accenna di sì.)
　　　　　　　　O ben non vi ha
difficoltà?
(Vespone come sopra)
　　　　O ben… Egli mi pare
che abbia poche parole.　　楽譜 ch'abbia

Serpina
　　　　　Anzi pochissime.
(a Vespone)
Vuole me?
(ad Uberto) Con permissïone.
*(E va a Vespone con cui si mette a parlar
segreto.)*

Uberto
　　　　　　(E in braccio
a quel brutto nibbiaccio
deve andar quella bella colombina?)

Serpina
Sapete cosa ha detto?

Uberto
　　　　Di' Serpina.

Serpina
Che vuole che mi diate
la dote mia.

Uberto
　　La dote tua? Che dote!
Sei matta?

Serpina
　　　Non gridate,
ch'egli in furia darà.

Uberto
　　　Può dar in furia
più d'**Orlando Furioso**※.
Che a me punto non preme.

セルピーナ
この方が、その人です。

ウベルト
　　　　（なんとひどい顔！
本当に嵐のような顔をしとるわい。）
それで、親愛なるテンペスタ大尉殿、
このわしの娘と結婚なさるのですか？
おお、それでご満足かな…
（ヴェスポーネはうなづく。）
　　　　それは良い、何か支障は
ありませんかな？
（ヴェスポーネはうなづく）
　　　　いやはや… この方は
口数の少ない方のようだが。

セルピーナ
　　　少ないどころか、ほとんど喋りません。
（ヴェスポーネに）
何ですの？
（ウベルトに）お許しをいただいて。
（ヴェスポーネの方へ行き、こっそりと話す。）

ウベルト
　　　　　　（この醜い
トンビの腕の中に
この可愛い小鳩が抱かれるのか？）

セルピーナ
この人が何と言ったかおわかり？

ウベルト
　　　言ってごらん、セルピーナ。

セルピーナ
私の持参金を　あなたが私に下さるようにと
言っているのよ。

ウベルト
　　お前の持参金？何の持参金だ！
気でも狂ったか？

セルピーナ
　　　怒鳴らないでください、
あの人が怒り出しますわ。

ウベルト
　　　「狂乱のオルランド」※よりも
もっと怒るがいいさ。
わしは全く平気だ。

※Orlando Furioso（狂乱のオルランド）：
  イタリアルネッサンス期最大の詩人である
  アリオスト（1474〜1533）の騎士物語叙事詩。

Serpina
Oh! Dio!
(Vespone finge di andare in collera.)
Vedete pur ch'egli già freme.

セルピーナ
ああ、神様！
（ヴェスポーネが怒って出て行く振りをする。）
あの人、もう怒りで震えていますわ。

Uberto
(a Serpina)
Oh! che guai! Va' là tu, (Statti a vedere
che costui mi farà...) Ben, cosa dice?

ウベルト
（セルピーナに）
ああ何てこった！さあ行くんだ。（見てやろう、
奴がわしに何をするか...）　よし、何と言った？

Serpina
Che vuole almeno quattromila scudi.

セルピーナ
少なくとも4,000スクーディ欲しいと。

Uberto
Canchero! Oh! <u>questa è</u> bella!   楽譜 quest'è
Vuole una bagattella!
Ah! padron mio...
(Vespone vuol mettere mano allo spada.)
         Non signore... Serpina...
che mal abbia. Vespone
dove sei?

ウベルト
不愉快だ！ああ！何てことだ！
何を望むんだ！
ああ！そこのお方...
（ヴェスポーネは剣に手をかけようとする。）
       いいえ、その方...セルピーナ...
何とひどいことだ。ヴェスポーネ
お前はどこにいるんだ？

Serpina
       Ma, padrone
il vostro male andate voi cercando.

セルピーナ
           でも、旦那様、
あなたはご自分で災いを作り出しておいでなのよ。

Uberto
Senti un po'. Con costui hai tu concluso?

ウベルト
ちょっとお聞き、あの男とお前は何か約束でも？

Serpina
Io ho concluso e non concluso. Adesso...
(Finge di parlare con Vespone.)

セルピーナ
私は決めましたの、でも決まっていません。今...
（ヴェスポーネと話すふりをする）

Uberto
Statti a veder, che questo maledetto
capitano farà precipitarmi.

ウベルト
見ておれ、あのいまいましい大尉が
わしを追い詰めようとでも言うのか。

Serpina
Egli ha detto...

セルピーナ
あの人が言うには...

Uberto
Che cosa ha detto?
(Ei parla per interprete.)

ウベルト
何と言ったのだ？
（まるで通訳みたいに話しおって。）

Serpina
Che, o mi date la dote
di quattro mila scudi,
o non mi sposerà.

セルピーナ
4,000スクーディの
持参金を私に下さらなければ、
あたしとは結婚しないって。

Uberto

Ha detto?

ウベルト

そう言ったのか？

Serpina

Ha detto.

セルピーナ

そう言ったのです。

Uberto

E se egli non ti sposa a me ch'importa?
楽譜 che importa

ウベルト

奴がお前と結婚しなくても、わしに何の関係が？

Serpina

Ma che mi avrete a sposar voi.

セルピーナ

でも、あなたが私と結婚するべきだって。

Uberto

Ha detto?

ウベルト

そう言ったのか？

Serpina

Ha detto, o che altrimenti
in pezzi vi farà.

セルピーナ

そう言ったわ、さもないと、
あなたをバラバラにしてやると。

Uberto

Oh! Questo non l'ha detto!

ウベルト

ああ！そんなことは言わんだろう！

Serpina

E lo vedrà.

セルピーナ

ならば、ご覧なさいよ。

Uberto

L'ha detto... sì, signora.
(Vespone fa cenno di minacciare Uberto.)
Eh! non s'incomodi,
che giacché per me vuol così il destino,
or io la sposerò.

ウベルト

そう言ったのか... ああ...分かった。
(ヴェスポーネが、ウベルトを脅す格好をする。)
ああ！ひどいことはしないでおくれ、
運命がわしにそう望むのなら、
さて、この娘を妻としよう。

Serpina

Mi dia la destra
in sua presenza.

セルピーナ

あの人の前で
私に右手を出してください。

Uberto

Sì.

ウベルト

こうだな。

Serpina

Viva il padrone.

セルピーナ

旦那様、万歳。

Uberto

Va ben così?

ウベルト

これでいいのか？

Serpina

E viva ancor Vespone.
(Vespone si leva i mustacchi.)

セルピーナ

それにヴェスポーネ万歳。
(ヴェスポーネは、付け髭を取る。)

Uberto
Ah! ribaldo! tu sei? E tal inganno...
lasciami...

ウベルト
ああ、悪党め！お前か？何という策略...
わしに構わないでくれ...

Serpina
　　　　E (楽譜 Oh!) non occorre
più strepitar. Ti son già sposa il sai.

セルピーナ
　　　　もう叫ぶ必要ないですわ。
私はもうあなたの妻なのです、そうでしょ。

Uberto
È ver, fatta me l'hai: ti venne buona.

ウベルト
まったくその通り、お前の思い通りにうまくいったな。

Serpina
E di *serva* divenni io già *padrona*.

セルピーナ
私はもう*女中*から*奥様*になったのです。

<Duetto>　　　　　　　　　　　　　　　　　　　　　＜二重唱＞

★Per te ho io nel core
il martellin d'amore
che mi percuote ognor.

あなたのために、私の心の
愛の小槌を
いつも打ち続けるのよ。

Uberto
Mi sta per te nel core
con un tamburo amore,
e batte forte ognor.

ウベルト
お前のために、わしの心の
愛の太鼓を
いつも激しく叩くのだ。

Serpina
Deh! senti il tippitì.

セルピーナ
さあ聞いて、このティピティという音を。

Uberto
Lo sento, è vero, sì,
tu senti il tappatà.

ウベルト
ああ聞こえるよ、ほんとうだね、
お前にも聞こえるか、タパタという音が。

Serpina
È vero il sento già.

セルピーナ
本当ね、そう聞こえるわ

Uberto
Ma questo ch'esser può?

ウベルト
でも、これは何なのだろう？

Serpina
Io no 1 (楽譜 nol) so.

セルピーナ
私にはわかりません。

Uberto
　　　　No 1 (楽譜 Nol) so io.

ウベルト
わしにも分からない。

A2
Caro. Gioia.(楽譜 caro/a! sposo/a!) Oh Dio!
Ben te lo puoi pensar.

二人で
愛しい人。愛らしい娘。(何て優しい夫／妻でしょう！)
ああ！あなたは／お前は、分かってくれるでしょう。

Serpina
Io per me non so dirlo.

セルピーナ
私は、何と言って良いのか分かりません。

Uberto
Per me non so capirlo.

ウベルト
わしにもそれが分からない。

Serpina
Sarà, ma non è questo.

セルピーナ
多分、これではないわ。

Uberto
Sarà, <u>nè meno</u> (楽譜 <u>nemmeno</u>) è questo.

ウベルト
多分、これでもないはずだ。

Serpina
Ah! furbo, sì t'intendo.

セルピーナ
ああ！狡い人、私には分かっているわ。

Uberto
Ah! ladra, ti comprendo,
Mi vuoi tu corbellar.

ウベルト
ああ、悪い奴だ、わしにも分かっておる、
お前は、わしをからかっておるな。

<Finale>

＜フィナーレ＞

Serpina
★Contento tu sarai,
avrai amor per me?

セルピーナ
あなたは満足なさっているのね、
私を愛してくださる？

Uberto
So che contento è il core
e amore avrò per te.

ウベルト
わしの心は満足している、
お前を愛していくだろう。

Serpina
Di' pur la verità.

セルピーナ
でも、本当のことをおっしゃて。

Uberto
(楽譜 Questa,) Quest'è la verità.

ウベルト
（これは）これは本当の事さ。

Serpina
Oh Dio! mi par che no.

セルピーナ
ああ神様！そうじゃないみたい。

Uberto
Non dubitar, oibò!

ウベルト
ああ、疑わないでおくれ！

Serpina
Oh sposo grazïoso!

セルピーナ
優しい旦那様！

Uberto
Diletta mia sposetta!...

ウベルト
わしの愛しい妻よ！…

(Insieme)
Serpina
Così mi fai goder.

（一緒に）
セルピーナ
こうして私を喜ばせてくれる。

Uberto
Sol tu mi fai goder.

ウベルト
お前だけが、わしを喜ばせてくれるのだね。

~FINE~

～幕～

【作品の概要】

第一部：

ウベルトは、毎朝ココアを飲むことを日課にしていますが、女中のセルピーナは、いくら待っても持ってきません（Aspettare e non venire）。苛立ったウベルトは、召使いのヴェスポーネを呼びにやります。やって来たセルピーナは「もうお昼なので、今日は、ココアはなしになさい」と言います。ウベルトは「お前と私はいつも対立する（Sempre in contrasti con te si sta）。」と怒りますが、セルピーナは臆するすることなく「怒るのは良くありません、（Stizzoso, mio stizzoso）」と開き直ります。ウベルトは生意気な使用人に対抗できる人を妻に迎えようと決意し「自分は結婚する。」とセルピーナに宣言します。セルピーナは「それなら私を妻にすれば。」と返し、二人の押し問答が続きます。二重唱（Lo conosco a quegli occhietti / Signorina v'ingannate）。

第二部：

セルピーナはウベルトの気を引くために、ウベルトに「結婚することになった」と伝えます。ウベルトはその知らせにショックを受けます。セルピーナは結婚しても「私を忘れないで、生意気なことをしていたなら許して下さいと頼みます（A Serpina penserete）。」ウベルトは頭が混乱し、自問自答します（Son imbrogliato io già）。そこへ変装したヴェスポーネが現れ、セルピーナはこの婚約者は、とても気性の荒い男だと話し、無口なヴェスポーネの通訳をし、多額の持参金を要求します。さらに「持参金を出せないなら、セルピーナを妻にしろ。」と言っていると伝えます。恐くなったウベルトは、セルピーナとの結婚を神の前で誓ってしまいます。計画が成功し、ヴェスポーネが正体をあらわします。ウベルトは騙されたことに気付きますが、そのまま結婚を認め、二人の愛の二重唱（Per te ho nel core /Contento tu sarai）で、幕が降ります。

【 索引 】

~ **Indice dei pezzi** ~

訳者紹介
とよしま よう (TOYOSHIMA Yoh)

横浜生まれ。イタリアオペラ翻訳家。
イタリア、ペルージャ外国人大学でイタリア語、イタリア文化を学ぶ。
帰国後「アウラ・マーニャ」より、現在まで、イタリアオペラ対訳双書
38 巻、文法解説シリーズ 44 巻を刊行。
日本各地でのイタリアオペラの原語上演"アレーナ・ディ・ヴェロー
ナ、ウィーン国立歌劇場、フィレンツェ歌劇場、Bunkamura オペ
ラ劇場、二期会公演、プッチーニ・フェスティバル記念公演"など
の字幕を多数手掛けている。
イタリアテレビドラマの日本語吹き替え版翻訳、CM ソング・映画主
題歌・CD などのイタリア語作詞、訳詞のほか、地域振興会などで、イタリア語の指導に携わっている。
作品著作権管理：公益社団法人日本文藝家協会

イタリアオペラ対訳双書 32（改訂版）
La serva padrona ：奥様女中

2000 年 2 月 12 日　初版
2024 年 3 月 29 日　改訂版
訳者　とよしま 洋

発行所：
アウラ・マーニャ／イタリアオペラ出版
〒231-0862
神奈川県横浜市中区山手町 218-103
TEL/FAX:045-883-1009
URL.http://WWW.aula-magna.net

[イタリアオペラ対訳双書]

（表示価格は、本体のみの価格です。）

1	イリス／マスカ-ニ（本邦初訳）	1500円
2	マノン・レスコ-／プッチ-ニ	1500円
3	仮面舞踏会／ヴェルディ（改訂版）	1500円
4	椿姫／ヴェルディ（第2改訂版）	1800円
5	エルナ-ニ／ヴェルディ（改訂版）	1800円
6	コシ・ファン・トゥッテ／モ-ツァルト（第2改訂版）	1700円
7	トゥーランドット／プッチ-ニ（改訂版）	1800円
8	愛の妙薬／ドニゼッティ（改訂版）	1800円
9	カヴァッレリ-ア・ルスティカ-ナ／マスカ-ニ（改訂版）	1200円
10	ルチ-ア・ディ・ランメルモ-ル／ドニゼッティ（改訂版）	1400円
11	レ・ヴィッリ（妖精達）／プッチ-ニ（改訂版）	1200円
12	パリアッチ／レオンカヴァッロ（改訂版）	1300円
13	カプレ-ティ家とモンテッキ家／ベッリ-ニ（改訂版）	1800円
14	ラ・ボエ-ム／プッチ-ニ（第2改訂版）	2000円
15	トスカ／プッチ-ニ（第2改訂版）	1800円
16	フィガロの結婚／モ-ツァルト（第2改訂版）	2000円
17	リゴレット／ヴェルディ（第2改訂版）	1400円
18	ラ・チェネレントラ／ロッシ-ニ	1500円
19	マダム・バタフライ（蝶々夫人）／プッチ-ニ（第2改訂版）	1800円
20	セヴィリアの理髪師／ロッシ-ニ（改訂版）	1700円
21	イル・トロヴァト-レ／ヴェルディ（改訂版）	1800円
22	マクベス／ヴェルディ（改訂版）	1800円
23	ナブッコ／ヴェルディ（改訂版）	1500円
24	アイ-ダ／ヴェルディ（改訂版）	1200円
25	ドン・ジョヴァンニ／モ-ツァルト（改訂版）	1700円
26	イ・プリタ-ニ（清教徒）／ベッリ-ニ	1500円
27	ドン・カルロ／ヴェルディ	1500円
28	運命の力／ヴェルディ（改訂版）	1500円
29	ランスへの旅／ロッシ-ニ（本邦初訳）	1400円
30	西部の娘／プッチ-ニ（本邦初訳）	1700円
31	ファルスタッフ／ヴェルディ	2000円
32	セルヴァ・パドロ-ナ（奥様女中）／ペルゴレ-ジ（改訂版）	1200円
33	シャモニ-のリンダ／ドニゼッティ（本邦初訳）	1500円
34	シモン・ボッカネグラ／ヴェルディ	1600円
35	オテッロ／ヴェルディ	1800円
36	ノルマ／ベッリ-ニ	1800円
37	ラ・ロンディネ（つばめ）／プッチ-ニ	1800円
38	修道女アンジェリカ／プッチ-ニ	1200円